LA MISSION PATRIOTIQUE

DE

JEANNE D'ARC

Paris. — Imp. réunies, C. — Motteroz

54 bis, rue du Four.

LA
MISSION PATRIOTIQUE
DE
JEANNE D'ARC

Huit Tableaux

DE

Pierre CARRIER-BELLEUSE

JULES BARBIER.

Paris

LIBRAIRIE DES IMPRIMERIES RÉUNIES
13, rue Bonaparte, 13
MOTTEROZ, DIRECTEUR

AVERTISSEMENT

L'état actuel des esprits veut que les enseignements de l'histoire soient plus que jamais rappelés à tous.

Des leçons de ce genre ne peuvent venir des raisonnements qui divisent toujours; seule l'image s'impose aux intelligences les plus diverses.

Les grands courants populaires se sont synthétisés, à toutes les époques, dans des figures plastiques.

La France, lasse de dissertations, a besoin de voir ses véritables instincts se traduire en éléments plus simples. Il lui faut des formules symboliques réunissant tous les partis, toutes les énergies, toutes les forces, pour un effort suprême.

Tous le pensent. Aussi lorsqu'un écrivain prit l'initiative d'une glorification de la sainte libératrice, de Jeanne d'Arc, la plus pure et la plus héroïque figure qui fût jamais, cet écrivain trouva partout un concours empressé.

Un Comité aussitôt formé prit sous son patronage la création d'un Panorama retraçant l'existence idéale, si courte et si bien remplie, de la vierge lorraine.

Les compositions ont été demandées à P. Carrier-Belleuse, l'un des peintres les mieux préparés, par ses travaux antérieurs, à comprendre et à traduire ces scènes dramatiques de manière à faire passer dans les âmes toutes les émotions de cette sublime épopée.

L'artiste a rendu magistralement, dans huit tableaux immenses, l'idée initiatrice du Panorama.

Tous les Français, tous les amis de la France voudront avoir ces merveilleuses compositions. Chacun les conservera comme un exemple, comme un espoir.

LES ÉDITEURS.

LES VOIX

(Mai 1426)

Auprès de l'humble maison lorraine, au milieu du verger en fleur. Jeanne marche à petits pas, pensive déjà.

Mais soudain, le fuseau qui tournait sous ses doigts s'arrête. Les Voix ont parlé... Les yeux profonds de la toute jeune fille s'élèvent et cherchent au ciel.

Par un ingénieux artifice panoramique, l'artiste a montré la vierge de Domrémy voyant « avec les yeux de son corps », comme elle dira plus tard à ses juges, sainte Catherine, sainte Marguerite et saint Michel.

Poésie sainte, dont Jeanne sera toujours entourée pendant sa vie si courte et si merveilleuse !

CHINON

(24 février 1429)

La grande salle du château. Jeanne est enfin parvenue jusqu'au roi Charles VII. Obéissant à « ses Voix », quittant sa famille sur un cheval que lui a donné le seigneur, elle est venue à cette cour troublée, qui continue à reculer devant l'Anglais. Insouciance, veulerie ou désespoir?

Charles, prétextant une épreuve, s'est presque dissimulé devant Jeanne. Conduite par d'invisibles mains, elle est allée droit à lui, pliant le genou devant la majesté royale, mais se relevant aussitôt pour parler selon les ordres de ses Voix mystérieuses. C'est ce court, ce seul instant de publique humilité dans la vie héroïque de Jeanne, cette scène d'un caractère tout à fait grandiose, que le peintre a tenu à nous montrer.

ORLÉANS

(8 mai 1429)

La journée est à sa fin. La victoire est encore indécise, malgré les efforts de Dunois et de Xaintrailles. Vaillance vaine... Alors, Jeanne jette à d'Aulon, son écuyer, la bride de son cheval de guerre, et, l'étendard d'une main, l'épée haute, la croix de la poignée en l'air, elle va, sans que rien l'arrête, jusqu'à la première plate-forme. Elle a volé plutôt que marché, et sa hampe a frappé la muraille.

« Mon étendard touche le *Bolvard!* s'écrie-t-elle : la place est à nous !... »

Au fond s'étend la ville dont l'artillerie enfume la ligne fortifiée ; l'îlot auquel est appuyé le pont est en feu aussi.

La blanche silhouette de la « Pucelle », dès lors « d'Orléans », se dégage de la foule saisissante des guerriers et domine, radieuse, toute l'action.

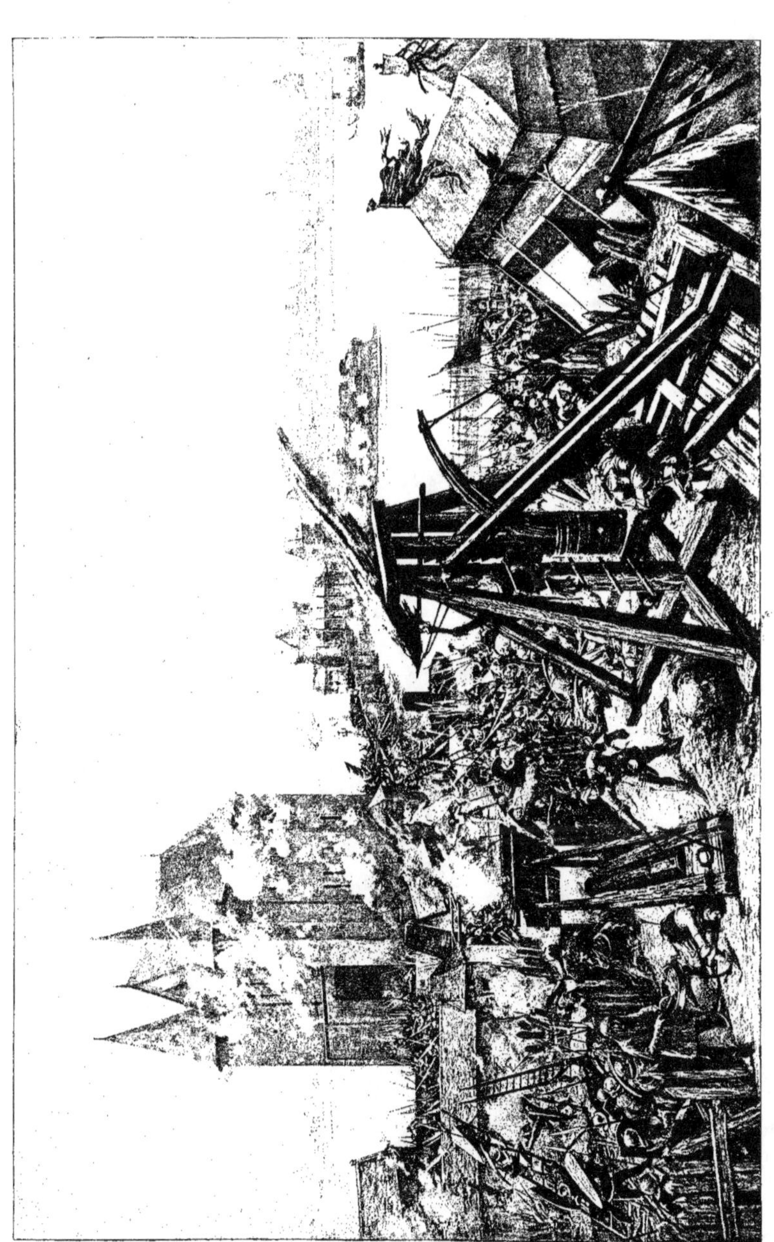

PATAY

(18 juin 1429)

Le matin est dans ses premières heures. Un cerf que couraient des Français les conduit à une troupe anglaise embusquée. Jeanne charge presque seule devant le gros de ses forces occupé à prendre Talbot, dont le panache jaune et noir sort de la gauche du tableau.

La vierge lorraine, dans son armure blanche, est là comme une apparition qui arrête le choc.

L'allure de la guerrière est tout à fait héroïque.

Les étendards des combattants se dressent et ajoutent au mouvement des Français, pleins de cette irrésistible ardeur habituelle aux grands jours de notre histoire.

Au premier plan, des cadavres d'hommes et de chevaux..., des cadavres, toujours des cadavres!... Combien en a-t-il fallu pour faire cette France vénérée!

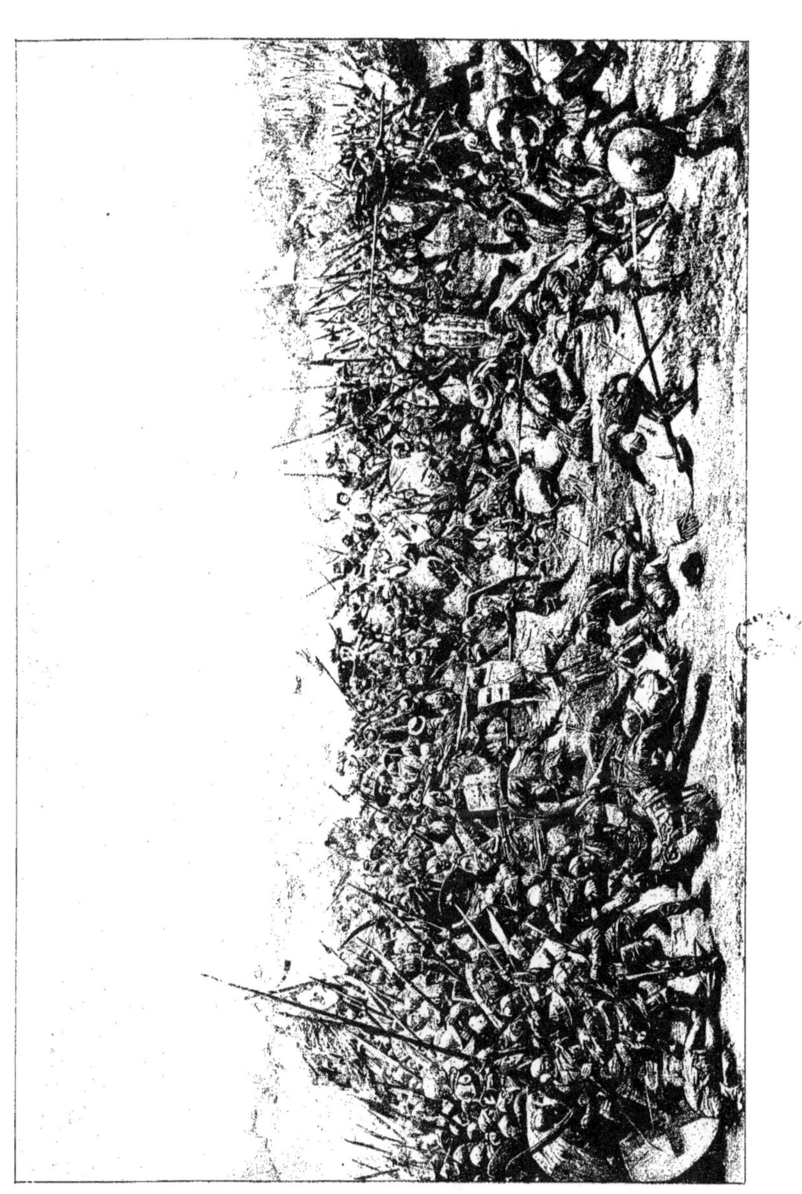

REIMS

(17 juillet 1429)

Jeanne est arrivée au *summum* de sa gloire : l'ennemi refoulé loin de la basilique où, mille ans auparavant, saint Remi a baptisé Clovis. Le roi recevant, dans la cathédrale où l'a conduit sa main paysanne, la consécration du couronnement.

La France a tressailli. Elle a compris enfin le mot sublime de Patrie.

Le décor, où s'étalent des tapisseries rappelant l'histoire de Clovis, est éclatant de lignes et de couleur; l'artiste a trouvé là une occasion propice d'étendre toutes les vives hardiesses de sa vigoureuse palette : des guerriers, des hérauts, des dames, des religieux, et, au fond, l'autel où est agenouillé Charles VII.

Jeanne se détache nettement de l'ensemble dans ses vêtements que caressent les feux d'un chaud soleil, dans son armure plus rayonnante et plus gracieuse que les plus belles robes de fée imaginées par les poètes.

PARIS

(8 septembre 1429)

La porte Saint-Honoré, aujourd'hui place des Pyramides; la butte des Moulins.

Jeanne, toujours la première au danger, est allée jusque sous les murailles de la ville reconnaître les fossés; une flèche l'a atteinte à la cuisse gauche.

Tandis qu'on la panse, ses soldats courent à l'assaut, qui, par les échelles grimpent aux murailles sur lesquelles tombent les pierres des tours battues en brèche, qui, par les ponts envahis par les hordes défilant sous les pieds des vagabonds pendus hors barrières, suivant l'usage du temps. Çà et là les engins d'artillerie continuent leur œuvre, et les assaillants, protégés de gabions et de claies, répondent aux projectiles des assiégés.

Au loin monte le vert paysage du vieux Paris, attendant encore ses rues insoupçonnées alors et déjà vieilles aujourd'hui.

COMPIÈGNE

(24 mai 1430)

Sept heures du soir. Jeanne revient vers la place qu'elle a essayé de dégager par une vigoureuse sortie ; cette fois, les Bourguignons, aux ordres de Philippe le Bon, se sont joints aux Anglais pour l'enserrer.

Au moment de monter à cheval, elle a dit tout haut ses appréhensions. L'incurie ou la trahison viennent les réaliser : le gouverneur Flavy a fait fermer les portes devant elle. Jeanne tombe entre deux partis, l'un anglais, l'autre bourguignon.

Son cheval est saisi au mors par un homme de pied : elle est prise.

Cependant Xaintrailles et l'écuyer d'Aulon tiennent encore ; le frère de l'héroïne a déjà succombé.

ROUEN — LE BUCHER

(30 mai 1431)

Jeanne vient à peine d'avoir dix-neuf ans, et cependant elle va mourir dans un supplice atroce, longuement préparé par un procès inique.

Au milieu de la place envahie par la foule, un bûcher à base de maçonnerie a été dressé; les curieux garnissent toutes les fenêtres.

Il y a là des milliers de spectateurs, mais l'œil ne voit que Jeanne, dont le corps se tortionne sous la souffrance, tandis que la tête, tournée vers le ciel, garde ses traits inspirés.

L'évêque Cauchon s'éloigne au moment où l'ordonnateur, à cheval, a baissé le fanion hampé, signal de la mise à feu. Le cardinal anglais Winchester pleure; un soldat qui a voulu allumer le sinistre fagot s'affaisse pour mourir dans la journée...

Jeanne est entrée dans l'éternelle gloire...

A Jeanne d'Arc

Jeanne, élève nos cœurs !

Sublime fille du peuple, incarnation sainte de la terre de France, donne-nous ta foi puissante en la patrie, réveille nos âmes endormies.

Jeanne, élève nos cœurs !

Vierge lorraine, image sacrée de la vieille Gaule, toi qui sauvas la France au seul écho de tes Voix, rends-nous nos antiques fiertés, fais-nous encore les indomptables.

Que nos existences soient courtes ! Mourons dès les premiers combats, mais que ta blanche bannière flotte toujours victorieuse !

Jeanne, élève nos cœurs !

Donne-nous tes simples vertus, ta main vigoureuse et si douce, l'énergie que rien n'abat et le parler franc que Xaintrailles ne pouvait entendre qu'à genoux.

Jeanne, élève nos cœurs !

Rends-nous cette simplicité qui fit ta force et ta puissance. Fais-nous oublier nos querelles sociales, nos sottes passions politiques et les artificiels besoins que notre vanité nous crée.

Jeanne, élève nos cœurs !

Rends-nous nos vieilles habitudes, l'économie de nos grand'mères, leurs âmes blanches, leur beau courage. Rappelle à nos femmes leurs devoirs. Dis-leur, divine guerrière ! qu'il nous faut beaucoup de soldats.

Jeanne, élève nos cœurs !

Rends-nous l'amour de la vieille terre nourricière. Écarte de nos esprits l'appât décevant des luxes citadins. Dis bien à tous, radieuse héroïne, que si la France est la France, ce sont les paysans tes aïeux et toi qui l'ont faite. Que ton exemple ne quitte pas nos yeux. Que la vie rude soit la nôtre. Fais-nous redevenir peuple !

Jeanne, élève nos cœurs !